Johannes Schultewolter

Jesus lädt uns ein

Johannes Schultewolter

Jesus lädt uns ein

Einführung
in die Eucharistiefeier für Kinder

Illustrationen
Gabriele Krauß-Otto

Lahn-Verlag Limburg

CIP-Kurztitelaufnahme
der Deutschen Bibliothek

Schultewolter, Johannes:
Jesus lädt uns ein.
Einführung in die Eucharistie-
feier für Kinder /
Johannes Schultewolter.
Mit Illustrationen von
Gabriele Krauß-Otto. —
Limburg: Lahn-Verlag, 1986.
ISBN 3-7840-3066-1

NE: Krauß-Otto, Gabriele

Unter dem Titel »Jesus lädt uns ein« erscheint gleichzeitig im Studio Union im Lahn-Verlag, Postfach 1461, 6250 Limburg a. d. Lahn 1, ein Tonbild TB SU 404 (Farbdias, Tonkassette und Begleitheft).

Quellenhinweis:

Die Gebete auf den Seiten 14, 20, 21 und 38 sind entnommen aus: Rolf Krenzer, Halte zu mir heute, guter Gott. Ein Gebetbuch für Kinder und für Erwachsene, die mit Kindern beten. Lahn-Verlag, Limburg 1983.

Die Lieder auf den Seiten 7 und 23 sind entnommen aus der »Pfälzer Kindermesse« (Melodie: H. Wortmann; Text: H. Bergmann; Musikalische Bearbeitung: R. Strauß-König), Studio Union im Lahn-Verlag, EP SU 330; auf den Seiten 27, 35 und 39 sind entnommen aus der »Freundschaftsmesse für Kinder« (Text: Ursel Scheffler; Melodie und musikalische Bearbeitung: R. Strauß-König), Studio Union im Lahn-Verlag, EP SU 362.

Lektorat: Jürgen Schymura. Illustrationen: Gabriele Krauß-Otto.
Umschlaggestaltung: Hans Otto, Pallottinerdruck.
Gesamtherstellung: Pallottinerdruck und Lahn-Verlag GmbH, Limburg.

ISBN 3-7840-3066-1

Liebe Mädchen und liebe Jungen!

Wir sind oft mit unseren Freundinnen
und Freunden zusammen.
Wir erleben viele schöne Dinge gemeinsam.
Wir mögen uns. Wir laden uns gegenseitig ein.
Wir feiern, spielen und singen miteinander.
Wir können uns alles sagen.
Wir halten zusammen.
Wir vertrauen uns sogar unsere Geheimnisse an.
Das ist schön.
Darüber freuen wir uns.

Jesus war auch immer mit vielen
Menschen zusammen.
Er verkündete ihnen seine frohmachende
Botschaft.
Seine Botschaft begeisterte die Apostel,
Jünger und viele andere Menschen.
Sie alle glaubten Jesus.
Sie schenkten ihm ihr Vertrauen.
So wurden sie seine Freunde
und Freunde untereinander.

Die Botschaft Jesu gilt für alle Menschen
und für alle Zeiten.
Auch wir glauben an das, wie Jesus gelebt

und was er verkündet hat.
Deshalb sind auch wir seine Freunde.

Freunde sind gern zusammen.
Sie möchten immer mehr voneinander wissen.
Und deshalb lädt uns Jesus immer wieder ein zu seinem Fest:
zur Feier der Eucharistie.
Wir kommen und feiern mit ihm zusammen.
So sagen wir ja zu der Freundschaft mit Jesus.
Denn wir möchten Jesus immer mehr kennen und liebenlernen.
Auch wir möchten uns ihm ganz anvertrauen.
Und das können wir am besten, wenn wir immer wieder mit ihm die Eucharistie feiern.

Eine tiefe Freundschaft mit Jesus
wünscht euch

Pfarrer Johannes Schultewolter

Wir grüßen dich, Herr Jesus, im Gotteshause hier.
Wir sind nun deine Gäste. Wir danken dir dafür.
Refrain

Laßt alle Kinder kommen. So sagt Herr Jesus Christ.
Sie sollen zu mir kommen und wehrt es ihnen nicht.
Refrain

Er will uns glücklich machen, von Herzen froh und gut.
Als seinen Gotteskindern gibt er uns frischen Mut.
Refrain

Jesus lädt seine Freunde ein zu seinem Fest. Wir sind seine Freunde. Wir alle kommen zusammen. Wir feiern mit Jesus das Fest der Eucharistie.

Es macht Spaß, eingeladen zu werden.
Und wir sind eingeladen.
Jesus will unser Gastgeber sein.
Er ist unser aller Freund.
Er nimmt uns so an, wie wir sind.
Er freut sich, wenn wir fröhlich sind.
Er tröstet uns, wenn wir ihn bitten.
Jesus ist für uns da. Wir danken ihm dafür.

Deshalb gehen wir auch in die Kirche.
Das ist das Haus, in dem Jesus und die Menschen einander als Freunde begegnen. Wir feiern hier zusammen mit vielen Menschen das Fest Jesu: die Eucharistie. Und Jesus ist mitten unter uns. Denn Jesus hat einmal gesagt: »Wo zwei oder drei in meinem Namen versammelt sind, da bin ich mitten unter ihnen.«

Wir freuen uns, daß Jesus uns zu seinem Fest eingeladen hat. Wir freuen uns, daß Jesus mitten unter uns ist.

Jesus begrüßt uns. Wir machen das Kreuzzeichen.

Mit dem Kreuzzeichen beginnen wir die Feier der Eucharistie:

Im Namen des Vaters
und des Sohnes
und des Heiligen Geistes. Amen.

Der Priester begrüßt uns und wünscht der ganzen Gemeinde:

»Der Herr sei mit euch.«

Wir antworten:

»Und mit deinem Geiste.«

Mit dem Kreuzzeichen wollen wir sagen:

Jesus ist es, der uns eingeladen hat.
Jesus ist unser Gastgeber.
Jesus ist unser Freund.

Jesus ist unser bester Freund. Wir können ihm sogar sagen, was wir falsch gemacht haben. Er ist uns nicht böse. Er verzeiht uns.

Der Priester lädt uns ein, still zu werden.
Wir denken jetzt über das nach,
was wir in den letzten Tagen getan haben.
Wir denken besonders daran,
was wir falsch gemacht haben

gegenüber Jesus,
gegenüber unseren Eltern,
gegenüber unseren Freunden und
gegenüber anderen Menschen.

Jesus kennt uns. Er weiß, daß wir nicht immer lieb und gerecht sind. Trotzdem bleibt Jesus unser Freund. Wir sagen ihm all das, was wir besser machen möchten:

Lieber Jesus, ich habe meinen Freund
geärgert. Das war nicht recht.
Bitte verzeih du mir.
Das nächste Mal will ich es
besser machen.

Jesus verzeiht uns. Er ist unser bester Freund.
Er hat uns ganz lieb.

Jesus ist mitten unter uns. Wir freuen uns darüber und begrüßen ihn.

Immer wenn ein berühmter Mann einen Besuch in einer Stadt macht, kommen viele Menschen zusammen. Diese wollen ihn sehen und hören. Vor Freude klatschen sie in die Hände. Die Menschen sind begeistert.

So ähnlich ist es auch,
wenn wir Eucharistie feiern.
Wir freuen uns,
daß Jesus mit uns zusammen feiert.
Wir sind fröhlich,
weil er uns verziehen hat.
Wir sind begeistert,
weil er unser Freund ist.

Deshalb rufen wir ihm zu:

Herr, erbarme dich.
Christus, erbarme dich.
Herr, erbarme dich.

Gott hat die Erde so schön gemacht. Durch Jesus hat Gott gezeigt, wie lieb er uns hat. Wir loben ihn und danken ihm dafür.

Gott, ich freue mich, wenn die Mutter zu mir sagt:
»Das hast du fein gemacht.«
Ich freue mich, wenn mein Freund sagt:
»So etwas bringst eben nur du fertig.«
Gott, ich freue mich, wenn ich gelobt werde.

Wir loben dich, Gott,
weil du so viele Pflanzen und Tiere erfunden hast.
Du hattest wohl selbst Freude daran,
immer mehr und immer neue Arten zu erschaffen.

Gott, wir loben dich,
weil du uns selbst so sinnvoll ausgedacht hast.
Was sind unsere Augen für ein Kunstwerk!
Was können wir doch alles mit unseren Händen tun! Was können wir alles denken und fragen!

Gott, wir wollen für dich spielen und dir ein Loblied singen. Du hast alles so gut gemacht.

Wir sind eine große Gemeinschaft. Der Priester sagt im Gebet das, was uns alle betrifft.
Am Schluß des Gebetes sagen wir alle: Amen.
Damit wollen wir sagen: Was der Priester gesagt hat, ist auch unser Gebet.

Wir hören Gottes Wort. Das ist sein Freundschaftsbund mit uns Menschen.

Einer aus unserer Gemeinde liest uns eine Geschichte aus der Bibel vor. Das ist Gottes Wort.
Wir hören von Gott, wie er seinem Volk immer wieder geholfen hat.
Wir hören aber auch von Menschen, die Gott gesandt hat.
Sie verkündeten die Botschaft Gottes.
Sie erinnern uns daran, daß Gott der Freund der Menschen ist.
Sie sagen uns aber auch, daß wir seine Gebote befolgen sollen, weil Gott es gut mit uns meint.

Wir hören von den Aposteln.
Sie waren die ersten Freunde Jesu.
Die Apostel haben Briefe geschrieben.
Darin erzählten sie den Menschen von Jesus.
Wir erfahren dabei, wie sich die ersten Gemeinden bereits jeden Sonntag zur Feier der Eucharistie getroffen haben,
welche Sorgen sie hatten,
wie sie alles miteinander geteilt haben,
wie sie füreinander da waren.

Dies macht uns Mut.
Wir versuchen, auch so zu leben.

Jesus liebt alle Menschen. Er war und er ist immer für alle Menschen da. Seine Botschaft macht uns froh.

Das Evangelium ist die frohe Botschaft von Jesus an die Menschen. Wir öffnen deshalb unsere Ohren und unser Herz.

Wir wollen jetzt hören, was Jesus damals zu den Menschen gesagt hat.
Wir wollen hören, wie Jesus gelebt hat, welch große Taten er vollbracht hat, wie er zu den Menschen war.

Jesus verschenkte sein Herz an alle Menschen. Er liebte besonders die, die niemand mochte: die Armen, die Bettler, die Hungernden, die Einsamen, die Kranken, die Zöllner und die Sünder. All diesen Menschen schenkte Jesus sein Vertrauen.
Er nahm sie an, so wie sie waren.
Er verzieh den Sündern. Er heilte die Kranken.
Er besuchte die Einsamen, denn sie hatten keine Freunde.
Jesus hatte sie alle ins Herz geschlossen.
Denn das ganz Wichtige kann man nur mit dem Herzen erspüren.
Die Menschen freuten sich. In Jesus hatten sie jetzt endlich einen richtigen Freund.

Der Priester erklärt uns, was die Botschaft Jesu für uns heute bedeutet.

Der Priester sagt uns in der Predigt:
Die Botschaft Jesu gilt für alle Menschen auf der Erde und für alle Zeiten.

Sie ist also auch für uns und
unser Leben ganz wichtig.
Denn ohne die Worte und Taten Jesu
wäre unser Leben nicht so schön.
Jesu Worte und Taten wollen uns helfen,
unsere Freunde noch besser zu verstehen.
Sie wollen uns aber auch helfen,
die Menschen zu verstehen,
die wir nicht so gerne mögen.

Die Botschaft Jesu zeigt uns,

wie wir lieb und gerecht sein können,
wie wir den Willen Gottes tun können,
um froh und glücklich zu sein.

Wir glauben an das, was Jesus uns vorgelebt hat. Was er uns erzählt hat. Wir vertrauen ihm, weil er unser Freund ist. Wir wollen auch seine Freunde sein.

Unsere Großeltern und Eltern glauben an Gott. Auch sie vertrauen Jesus. Sie sind seine Freunde. Wir danken ihnen, daß sie uns taufen ließen und daß sie uns von Jesus erzählt haben. Seit unserer Taufe sind auch wir seine Freunde. Zu dieser Freundschaft mit Jesus bekennen wir uns jetzt alle:

Wir glauben an Gott, den Vater von Jesus.
Er hat Himmel und Erde so schön gemacht.
Er hat uns durch Jesus gezeigt,
wie lieb er uns hat.

Wir glauben an Jesus Christus.
Jesus ist besonders der Freund der Armen und Schwachen. Deshalb mußte er sterben.
Gott hat ihn aber von den Toten auferweckt.
Gott hat Jesus ewiges Leben geschenkt.
Als seine Freunde wird auch uns ewiges Leben geschenkt.

Wir glauben an den Heiligen Geist,
den Geist Jesu.
Er gibt uns Kraft und Mut,
immer wieder ja zu sagen zu der
Freundschaft mit Jesus und zu der
Freundschaft unter uns Menschen.

Jesus kennt jeden von uns. Er weiß, was uns bedrückt. Wir dürfen ihm alles sagen. Wir bitten ihn auch um seine Hilfe.

Wir können schon vieles allein.
Oft müssen unsere Eltern uns noch helfen.
Es gibt aber auch viele Dinge,
bei denen wir alle Jesu Hilfe brauchen.
Wir bitten ihn, daß er uns hilft.
Wir sagen ihm jetzt, was uns bedrückt.
Wir bitten ihn auch, anderen Menschen zu helfen.

Lieber Jesus,
Marion ist lieb, sie ist meine beste Freundin.
Ich danke dir, Gott, für so eine liebe Freundin.
Ich denke aber auch an Petra;
sie hat keine Freundin.
Mir fällt es so schwer, mit ihr zu reden oder mit ihr zu spielen;
dabei ist sie doch ganz nett.
Laß uns doch alle Freunde sein.
Was kann ich tun?

Lieber Jesus, hilf allen Kindern, die krank sind.
Hilf allen Kindern, die Angst haben.
Hilf allen Kindern, die Sorgen haben.
Hilf allen Kindern, die traurig sind.
Hilf allen Kindern, die dort leben, wo Krieg ist.

Lieber Jesus, laß das Böse weniger werden,
laß die Traurigkeit weniger werden,
laß den Streit weniger werden,
laß den Krieg weniger werden,
laß die Krankheit weniger werden,
laß den Tod weniger werden,
laß die Angst weniger werden.
Mach die Menschen gut und stark.

Jesus, du kennst alle Menschen,
die auf der Welt leben.
Ich bitte dich für die Menschen,
die noch nichts von dir gehört haben.
Schicke ihnen jemand,
der ihnen von dir erzählt,
der ihnen zeigt,
wie sehr du sie liebhast.

Jesus lädt uns ein zum gemeinsamen Mahl. Das Mahl verbindet uns untereinander und besonders mit Jesus.

Es ist wie bei einem Festessen zu Hause.
Viele Gäste sind eingeladen.
Sie sind sehr gerne gekommen.
Sie haben sich festlich gekleidet.
Wir sitzen alle um den schön gedeckten Tisch.
Das Essen wird auf den Tisch gestellt.
Wir sagen im Tischgebet unseren Dank.
Wir freuen uns auf das frohe Zusammensein.

Und so ist das auch bei der Feier des Mahles im Gottesdienst.
Der Altar ist mit frischen Blumen festlich geschmückt.
Viele Kerzen brennen.
Sie zeigen uns: Jesus ist das Licht der Welt.
Auch ein Kreuz steht auf dem Altar.
Es erinnert uns an all das,
was Jesus Gutes für seine Freunde getan hat.
Es erinnert uns auch daran,
daß Jesus sterben mußte und
daß Gott ihn auferweckt hat.

Du schenkst mir das Leben,
deshalb will ich geben
alles, was ich liebe,
schenke ich dir hin.

Refrain
Nimm es, guter Gott...

Weil ich dich so liebe,
will ich dich beschenken,
immer an dich denken,
schenk mich selber hin.

Refrain
Nimm es, guter Gott...

Wir bringen Brot und Wein. Wir teilen und helfen damit armen und kranken Menschen.

Jesus hält mit uns Mahl.
Wir bringen Brot und Wein zum Altar.
Das sind Gaben, die wir zum Leben brauchen.
Der Priester nimmt diese Gaben entgegen.
Wir danken Gott dafür, daß er uns das Leben schenkt. Wir teilen deshalb mit anderen Menschen.

Früher brachten die Menschen Lebensmittel mit. Die Lebensmittel wurden nach dem Gottesdienst an die Armen in der Gemeinde verteilt. Heute geben wir etwas von unserem Geld ab. Es wird an die Menschen weitergegeben, die es dringend brauchen: die Armen und Notleidenden in unserer Gemeinde, in unserer Stadt und in unserem Land. Auch die Menschen bekommen davon, die in einem ganz fernen Land leben und Not leiden.

Mit unserer Gabe möchten wir sagen:
Auch wir möchten anderen helfen, indem wir teilen. Wir tun damit das, was Jesus getan hat. So schaffen wir Gemeinschaft untereinander und bauen Brücken zu vielen Menschen in der ganzen Welt.

Wir danken dir
und preisen dich,
lieber Gott.
Du bist es,
der uns
alles schenkt.

Mit ausgebreiteten Armen spricht der Priester das große Dankgebet für uns. Seine leeren, erhobenen Hände sind ein Zeichen dafür, daß wir Menschen alles von und durch Gott empfangen.

Wir danken dir, Vater,
weil du uns so lieb hast,
weil du so grenzenlos gut bist.
Du hast uns Jesus als Freund geschenkt.
Jesus ist unser großes Vorbild.
Er hat so gelebt, wie du es dir wünschst.
Er hat uns gezeigt, wie wir alle Menschen liebhaben können, wie wir füreinander dasein können. Deshalb mußte er sterben.
Du, lieber Gott,
bist größer und mächtiger als wir Menschen.
Du hast Jesus von den Toten auferweckt.
Du hast ihm so neues und ewiges Leben geschenkt.
Weil wir seine Freunde sind, hast du auch uns ewiges Leben geschenkt.
So danken wir dir und preisen dich.
Du bist es, der uns alles schenkt.

Freundschaft, die kann enttäuschen,
Freundschaft, die kann bedrücken,
Freundschaft, die kann zerbrechen,
dann fehlt der Freund,
dann fehlt der Freund dir in der Not,
dann fehlt der Freund dir in der Not.

Freundschaft mit Christus trügt nicht,
Freundschaft mit ihm enttäuscht nicht,
Freundschaft mit ihm zerbricht nicht,
er ist dein Freund,
er ist dein Freund auch in der Not,
er ist dein Freund auch in der Not.

Das Geheimnis der Freunde Jesu: Jesus ist in Gestalt von Brot und Wein ganz nah bei uns.

Wir knien und werden still.
Wir öffnen unser Herz.
Am Abend bevor Jesus gekreuzigt wurde, war er mit seinen besten Freunden zusammen.
Beim gemeinsamen Essen nahm Jesus das Brot und den Wein und sagte:

»Das Brot, das ist mein Leib. Der Wein, das ist mein Blut. Ich werde für euch sterben, weil ich euch so liebhabe und damit ihr das ewige Leben empfanget.«

Wir können ihn aber nicht sehen.
Denn die großen Wunder können wir mit unseren Augen nicht sehen.
Wir können sie nur mit unserem Herzen erspüren.
So ist das auch jetzt, wenn Jesus in Brot und Wein unter uns ist.

Wir spüren, daß er da ist.
Wir glauben, daß Jesus dieses Wunder wirken kann.

Dies ist ein Geheimnis des Glaubens.
Es ist unser Geheimnis.
Es ist das Geheimnis der Freunde Jesu.

Jesus lehrte
seine Freunde beten.
Wir sind
seine Freunde.
So beten jetzt
auch wir.

Jesus selbst hat oft gebetet.
Er wußte, wie gut und hilfreich es ist,
wenn man zu Gott beten kann,
wenn man mit ihm über alles sprechen kann.

Deshalb lehrte Jesus seine Freunde beten.
Wir sind auch seine Freunde und
jetzt von ihm eingeladen.
So dürfen auch wir das Gebet sprechen,
das Jesus seinen allerersten Freunden
beigebracht hat.

Es ist das schönste Gebet.
Es ist das Gebet unseres Herrn Jesus Christus.

Vater unser im Himmel,
Geheiligt werde dein Name.
Dein Reich komme.
Dein Wille geschehe,
wie im Himmel so auf Erden.
Unser tägliches Brot gib uns heute.
Und vergib uns unsere Schuld,
wie auch wir vergeben unsern Schuldigern.
Und führe uns nicht in Versuchung,
sondern erlöse uns von dem Bösen.

Denn dein ist das Reich und die Kraft
und die Herrlichkeit in Ewigkeit. Amen.

Jesus schenkt uns seinen Frieden. Wir reichen uns die Hände. Wir schenken uns den Frieden.

Wir sind traurig, wenn wir uns gestritten haben.
Wir wollen uns wieder miteinander vertragen.

Als Freunde Jesu sind wir auch Freunde untereinander.
Jesus schenkt uns seinen Frieden.
Er lädt uns damit ein,
einander zu verzeihen und
uns wieder zu vertragen.
Er lädt uns dazu ein,
uns auch mit den Menschen zu vertragen,
die wir nicht so gerne mögen.

So reichen wir uns die Hände.
Wir wünschen uns den Frieden,
den Jesus uns schenkt.

Jesus nahm das Brot und brach es in viele Stücke. Damit zeigt er uns: Er ist für alle Menschen da.

Beim letzten Abendmahl mit seinen besten Freunden, mit den Aposteln, brach Jesus das Brot in viele Stücke.
Damit wollte er sagen:

Ich teile sehr gern mit euch das Brot.
Ich bin gern mit euch zusammen.
Ich habe euch ganz lieb.
Ich bin für euch alle da.

Der Priester macht es jetzt genauso.
Auch er nimmt das Brot und bricht es in Stücke.
Das bedeutet:

Was Jesus damals gesagt und getan hat, das gilt für alle Menschen auf der Erde und für alle Zeiten.
Jesus hat wirklich alle Menschen lieb.
Er feiert gern mit ihnen das Mahl.
Er lädt alle Menschen ein, seine Freunde zu werden.
Er teilt mit allen Menschen das Brot und sein Leben.

Du bist das Himmelsbrot, du bist der ew'ge Gott.
Doch machst du dich so klein, um nun bei mir zu sein.
Refrain

Willkommen bist du mir. Mein Herz bereite dir!
Es soll dir Wohnung sein, gehören dir allein.
Refrain

Ich habe dich so gern, viel lieber als die Stern,
als alles in der Welt, was mir so gut gefällt.
Refrain

Jesus schenkt sich uns im Brot. Sein Brot ist für uns das Brot des Lebens. Es stärkt unsere Freundschaft.

Jesus lädt alle ein zu seinem Mahl.
Wir nehmen die Einladung voller Freude an.
Der Priester oder ein(e) Kommunionhelfer(in) reicht uns das Brot.
Dabei sagt er: *»Der Leib Christi.«*
Wir antworten: *»Amen.«*

Mit unserem »Amen« sagen wir:
Jesus, wir sind deine Freunde.
Wir sind auch Freunde untereinander.
Wir möchten füreinander dasein.
Wir wollen versuchen, so zu leben, wie du gelebt hast.
Wir brauchen deine Freundschaft so wie das tägliche Brot.

Das Brot wurde in unsere offenen und leeren Hände gelegt.
Jesus vertraut sich uns im Brot ganz an.

Mit unseren offenen und leeren Händen wollen wir zeigen:
Alles, was wir haben, empfangen wir von dir.
Wir schenken dir unser Herz.
Wir vertrauen uns dir an.

Jesus,
wir danken dir,
daß du
unser Freund bist,
daß du immer
für uns da bist.

Ich danke dir, Jesus,
daß du jetzt ganz nah bei mir bist.
Ich danke dir,
daß ich mit all meinen Gedanken
zu dir kommen darf.
Du hörst mir immer zu,
mögen es kleine oder große Wünsche sein,
ein kleiner oder ein großer Dank.
Ich weiß, daß du immer für mich da bist.
Aber ich will auch daran denken,
daß du nicht alle meine Wünsche erfüllen wirst.
Wie oft bitte ich dich um etwas Dummes.
Habe Geduld mit mir.
Ich danke dir,
daß ich immer mit dir reden kann und
daß du mir zuhörst.
Ich danke dir,
daß du mein Freund bist.
Auch ich möchte dein Freund sein.
Hilf mir dabei.

Schütz' uns vor Streit und Neid und Leid,
vor Unfall und Gefahr.
Dein Wort vom Frieden in der Welt,
es werde bei uns wahr.
Refrain

Sei mit den Kindern überall,
ganz gleich in welchem Land.
Hilf, daß die Freundschaft uns vereint,
wir singen Hand in Hand:
Refrain

**Jesus segnet
und behütet
seine Freunde.
Wir leben so,
wie Jesus es
uns gelehrt hat.
Er schenkt uns
Frieden und macht
uns froh.**

Wir sind in der Feier der Eucharistie
Jesus und vielen anderen Menschen begegnet.
Wir waren eine Gemeinschaft
und waren fröhlich.
Wir haben
gelobt und gedankt,
gebetet und gefeiert.
Jesus hat uns seinen Frieden geschenkt.
Wir haben uns den Frieden auch geschenkt.
Um das alles bemühen wir uns auch im
täglichen Leben:

zu Hause, in der Schule, auf der Straße,
beim Spielen
oder dort, wo auch immer wir sein mögen.
Jesus ist unser bester Freund.
Bevor wir jetzt nach Hause gehen,
segnet Jesus uns alle.
Er schenkt uns somit seinen Schutz.
Denn auch durch uns will er
in der Welt wirken und Gutes tun.

Gebete und Antworten für die Eucharistiefeier

P. = Priester
A. = Alle
L. = Lektor(in) (derjenige/diejenige, der/die die Lesung und die Fürbitten vorträgt)
K. = Kommunikant(in) (derjenige/diejenige, der/die zur Kommunion geht)

Eröffnung

P. Im Namen des Vaters und des Sohnes und des Heiligen Geistes. Amen.

Begrüßung der Gemeinde

P. Der Herr sei mit euch.
A. Und mit deinem Geiste.

Schuldbekenntnis

P. Brüder und Schwestern, damit wir die heiligen Geheimnisse in rechter Weise feiern können, wollen wir bekennen, daß wir gesündigt haben.

P. Wir sprechen das Schuldbekenntnis:

A. Ich bekenne Gott, dem Allmächtigen,
und allen Brüdern und Schwestern,
daß ich Gutes unterlassen und Böses
getan habe
— ich habe gesündigt in Gedanken,
Worten und Werken

durch meine Schuld, durch meine Schuld,
durch meine große Schuld.
Darum bitte ich die selige Jungfrau Maria,
alle Engel und Heiligen
und euch, Brüder und Schwestern,
für mich zu beten bei Gott, unserem Herrn.

P. Der allmächtige Gott erbarme sich unser.
Er lasse uns die Sünden nach und führe
uns zum ewigen Leben.

A. Amen.

Begrüßungsruf (Kyrie)

P. Herr, erbarme dich.

A. Herr, erbarme dich.

P. Christus, erbarme dich.

A. Christus, erbarme dich.

P. Herr, erbarme dich.

A. Herr, erbarme dich.

Gloria

A. Ehre sei Gott in der Höhe
und Friede auf Erden den Menschen seiner
Gnade.

Wir loben dich,
wir preisen dich,
wir beten dich an,
wir rühmen dich und danken dir,
denn groß ist deine Herrlichkeit:

Herr und Gott, König des Himmels,
Gott und Vater, Herrscher über das All,
Herr, eingeborener Sohn, Jesus Christus.

Herr und Gott, Lamm Gottes, Sohn des Vaters,
du nimmst hinweg die Sünde der Welt:
erbarme dich unser;
du nimmst hinweg die Sünde der Welt:
nimm an unser Gebet;
du sitzest zur Rechten des Vaters:
erbarme dich unser.

Denn du allein bist der Heilige,
du allein der Herr,
du allein der Höchste:
Jesus Christus,
mit dem Heiligen Geist,
zur Ehre Gottes des Vaters. Amen.

Nach der Lesung

L. Wort des lebendigen Gottes.
A. Dank sei Gott.

Vor dem Evangelium

P. Der Herr sei mit euch.
A. Und mit deinem Geiste.

P. Aus dem heiligen Evangelium nach Matthäus (Markus, Lukas, Johannes).
A. Ehre sei dir, o Herr.

Nach dem Evangelium

P. Evangelium unseres Herrn Jesus Christus.
A. Lob sei dir Christus.

Das Apostolische Glaubensbekenntnis

A. Ich glaube an Gott, den Vater, den Allmächtigen, den Schöpfer des Himmels und der Erde, und an Jesus Christus, seinen eingeborenen Sohn, unsern Herrn, empfangen durch den Heiligen Geist, geboren von der Jungfrau Maria, gelitten unter Pontius Pilatus, gekreuzigt, gestorben und begraben, hinabgestiegen in das Reich des Todes, am dritten Tage auferstanden von den Toten, aufgefahren in den Himmel; er sitzt zur Rechten Gottes, des allmächtigen Vaters; von dort wird er kommen, zu richten die Lebenden und die Toten.
Ich glaube an den Heiligen Geist, die heilige katholische Kirche, Gemeinschaft der Heiligen, Vergebung der Sünden, Auferstehung der Toten und das ewige Leben. Amen.

Vor der Präfation/Hochgebet

P. Der Herr sei mit euch.
A. Und mit deinem Geiste.
P. Erhebet die Herzen.
A. Wir haben sie beim Herrn.
P. Lasset uns danken dem Herrn, unserm Gott.
A. Das ist würdig und recht.

Nach der Präfation	A. Heilig, heilig, heilig Gott, Herr aller Mächte und Gewalten. Erfüllt sind Himmel und Erde von deiner Herrlichkeit. Hosanna in der Höhe. Hochgelobt sei, der da kommt im Namen des Herrn. Hosanna in der Höhe.
Nach der Wandlung	P. Geheimnis des Glaubens. A. Deinen Tod, o Herr, verkünden wir, und deine Auferstehung preisen wir, bis du kommst in Herrlichkeit.
Großer Lobpreis	P. Durch ihn und mit ihm und in ihm ist dir, Gott, allmächtiger Vater, in der Einheit des Heiligen Geistes alle Herrlichkeit und Ehre jetzt und in Ewigkeit! A. Amen.
Vater unser	P. Lasset uns beten, wie der Herr uns zu beten gelehrt hat. A. Vater unser im Himmel, Geheiligt werde dein Name.

Dein Reich komme.
Dein Wille geschehe,
wie im Himmel so auf Erden.
Unser tägliches Brot gib uns heute.
Und vergib uns unsere Schuld,
wie auch wir vergeben unsern Schuldigern.
Und führe uns nicht in Versuchung,
sondern erlöse uns von dem Bösen.

Denn dein ist das Reich und die Kraft und
die Herrlichkeit in Ewigkeit. Amen.

Friedensgruß

P. Der Friede des Herrn sei allezeit mit euch.
A. Und mit deinem Geiste.

Lamm Gottes

P. Lamm Gottes,
A. du nimmst hinweg die Sünde der Welt:
erbarme dich unser.

A. Lamm Gottes,
du nimmst hinweg die Sünde der Welt:
erbarme dich unser.

A. Lamm Gottes,
du nimmst hinweg die Sünde der Welt:
gib uns deinen Frieden.

Einladung zur Kommunion	P. Seht das Lamm Gottes, das hinwegnimmt die Sünde der Welt. A. Herr, ich bin nicht würdig, daß du eingehst unter mein Dach, aber sprich nur ein Wort, so wird meine Seele gesund.
Kommunionspendung	P. Der Leib Christi. K. Amen.
Segen	P. Der Herr sei mit euch. A. Und mit deinem Geiste. P. Es segne euch der allmächtige Gott, der Vater und der Sohn und der Heilige Geist. A. Amen.
Entlassung	P. Gehet hin in Frieden. A. Dank sei Gott dem Herrn.

Gebete und Antworten für die Eucharistiefeier aus: Meßbuch für die Bistümer des deutschen Sprachgebietes, Verlag Herder, Freiburg.